AF438306

LES
GROTESQUES
D'AUTREFOIS

VIE

DU TRÈS-RIDICULE, TRÈS-FAMEUX ET TRÈS-INCONNU

ABBÉ COTIN

TELLE QU'ELLE FIGURERA DANS LES COLONNES

DU

GRAND DICTIONNAIRE

PAR

PIERRE LAROUSSE

Les sots depuis Adam sont en majorité.
C. DELAVIGNE.

PARIS

LIBRAIRIE DE LAROUSSE ET BOYER

RUE SAINT-ANDRÉ-DES-ARTS, 49

—

1867

LES
GROTESQUES
D'AUTREFOIS

VIE

DU TRÈS-RIDICULE, TRÈS-FAMEUX ET TRÈS-INCONNU

ABBÉ COTIN

COTIN (Charles), abbé de Montfroncel, aumônier du roi, chanoine de Bayeux, membre de l'Académie française, où il fut reçu le 3 mai 1655, né à Paris en 1604, mort dans la même ville au mois de janvier 1682. On voit par tous ces titres que Charles Cotin n'était pas un petit personnage et qu'il faisait figure dans le monde. Dans l'ancien catalogue de la bibliothèque du roi, nous trouvons accolée à son nom la note manuscrite suivante : *Célèbre prédicateur et poëte des plus galants d'entre ceux qui ont lu et su la légende des ruelles.* La note ajoute ces deux mots : *Alliance extraordinaire.* Oh! oui, dirons-nous à notre tour, *alliance bien extraordinaire,* comme on pourra en juger tout à l'heure. Nous allons donner sur ce très-célèbre et très-inconnu abbé Cotin que, le ridicule seul a immortalisé, une étude complète, et c'est ici le lieu de faire remarquer, que si l'on trouve quelquefois dans le *Grand Dictionnaire* des articles étendus sur des hommes médiocres ou ridicules, oubliés ou dédaignés, puis des articles moins développés sur quelques hommes illustres ou même sur quelques grands hommes, il ne faut pas imputer à caprice ce manque de proportion, car il n'est qu'apparent. Un critique a déjà exprimé cette pensée en parlant du *Grand Dictionnaire :* « Il arrive assez souvent à cet ouvrage
« de donner de grands développements à des articles sur des hommes de peu de renom,
» auxquels les biographies ordinaires ne consacrent que quelques lignes. C'est qu'on avait
» à produire sur l'histoire de ces hommes, en raison du milieu où ils ont vécu, des détails
» intéressants, des rapprochements, des déductions morales et historiques inattendues.
» Sur d'autres noms très-connus on s'étend peu, par cela même qu'ils sont très-connus
» et qu'on n'a rien de nouveau à en dire; en ce cas, on se contente de quelques lignes
» substantielles ; on n'y donne que les notions générales et les dates importantes; en
» un mot, le nécessaire, et ce système-là est le bon. » Telle est, en effet, notre méthode ; .
le connu n'a besoin d'être marqué que de ses principaux traits, de ceux dont on peut
avoir besoin à l'occasion ; mais l'inconnu a son prix et son charme, par les particularités
qui le rendent instructif, et qui ajoutent à la masse certains faits bons à connaître sur
les hommes et sur les choses. Voici, à ce sujet, l'opinion de Paul-Louis Courier : « Pourvu
« que ce soit exprimé à merveille et qu'il y ait bien des vérités, de saines et précieuses

, observations de détail, il m'est égal à bord de quel système et à la suite de quelle méthode tout cela est embarqué. »

Maintenant abordons directement notre personnage. Nous avons étudié avec soin ce que nous avons pu découvrir des publications oubliées, éparses de Charles Cotin, et de cet examen attentif est résulté pour nous la conviction que le pauvre abbé ne se livra pas plus à l'afféterie que d'autres écrivains de son siècle, mais qu'il paya pour tous, et qu'il fut le bouc émissaire sacrifié en holocauste sur l'autel du bon goût. Sans avoir reçu en partage un vrai talent, il est moins méprisable qu'on ne le croit communément ; il n'était pas dépourvu d'esprit et il a laissé quelques vers assez ingénieux, témoin le quatrain suivant, qu'on ne croirait guère extrait des œuvres d'un Cotin :

> Philis s'est rendue à ma foi,
> Qu'eût-elle fait pour sa défense ?
> Nous n'étions que nous trois : elle, l'Amour et moi,
> Et l'Amour fut d'intelligence.

Il savait même lancer l'épigramme à l'occasion, si l'on en juge par les vers suivants, faits sur un tableau où l'artiste avait poussé la galanterie jusqu'à ses dernières limites :

> Ce grand peintre, dont l'art surpasse la nature,
> A fait pour Silvanire un portrait si charmant
> Qu'il faut souhaiter seulement
> Qu'elle ressemble à sa peinture.

Possédant parfaitement la théologie, la philosophie, l'hébreu et le syriaque, Cotin publia, à trente ans, un poëme intitulé : la *Jérusalem désolée* ou *Méditations sur les leçons des Ténèbres*, avec un hymne sur la Divinité ; le *Contentement d'Ariste dans la solitude*, et sept sonnets (Paris, chez F. Targa, 1634, in-4°), ouvrage qui eut une seconde édition sous ce titre : *Poëme sur la Magdeleine qui cherche Jésus-Christ au sépulchre, dédié au cardinal de Richelieu* (Paris, chez Jacques Degast, 1635, également in-4°). Il était en faveur ; il prêchait sous Richelieu ; il avait commencé très-jeune « le cours de ses prédications, » et il prêcha sous Mazarin ; il prêcha seize ans environ, d'abord avec quelque succès, ce qui ne l'empêchait pas de courir le monde, d'y badiner, de hanter les ruelles, de célébrer les charmes, de se vanter des faveurs, ou de se plaindre des rigueurs de toutes sortes de belles dames du haut et du bas de l'échelle sociale ; mais les princesses surtout étaient de son goût. Ses amours platoniques étaient placées là ; les autres étaient placées moins haut, ce qui ne l'empêchait pas de prêcher et de vaquer à ses fonctions de prêtre, tant il y a souvent des contradiction dans les choses du monde ! Il avait vu les dern'ers beaux soleils de l'hôtel Rambouillet ; il était reçu chez de véritables princesses, chez Mmes de Nemours, à l'hôtel de Longueville, à l'hôtel de Nevers ; mais il faisait surtout, avec Ménage, les délices de la maison de Mademoiselle, qui tenait bureau d'esprit au Luxembourg et y recevait Cotin avec toutes sortes de bonnes grâces. Oui, elle, « Mademoiselle, petite-fille d'Henri IV, Mlle d'Eu, Mlle de Dombes, Mlle d'Orléans, « Mademoiselle, cousine-germaine du roi, Mademoiselle, destinée au trône, Mademoiselle, « le seul parti de France qui fût digne de Monsieur, » comme l'appelle Mme de Sévigné en annonçant le mariage de cette princesse avec Lauzun, petit capitaine des gardes et simple cadet de Gascogne, Mademoiselle écoutait le petit abbé Cotin comme un oracle, acceptait la dédicace de tous ses ouvrages, et lui sacrifiait Ménage, préférence qui (cela peut se dire entre parenthèses) donne une assez mauvaise idée de Lauzun, que Mademoiselle aima tant. La princesse était la muse de Cotin : il l'accablait de ses petits vers, d'ordinaire imprimés avec son nom au bas, au grand ennui de Segrais, qui avait un certain goût et vraiment du talent, et qui était aussi du monde de Mademoiselle, de sa maison, et, comme il le dit lui-même, de son *domestique*. Cotin ne tarissait pas. C'était tantôt une pièce intitulée épigramme à la grecque :

> *Mademoiselle arrive au cours à soleil couchant.*
>
> Tout cède à sa belle présence,
> Et, de peur que rien ne l'offense,
> Le soleil éteint son flambeau ;
> Il se va retirer sous l'onde,
> Et laisse à cet astre plus beau
> La charge d'éclairer le monde.   L'ABBÉ COTIN.

Tantôt les plus insupportables fadeurs, en quatre pages : à MADEMOISELLE, *Sur la chute des fleurs du palais d'Orléans* ; tantôt un petit nombre de feuillets non chiffrés contenant d'abord une dédicace à Mademoiselle, puis une lettre en prose et en vers : À SON ALTESSE ROYALE MADEMOISELLE, *Sur ce qu'elle masquoit* (sic) *au carnaval;* tantôt, enfin, un madrigal :

Sur un bracelet de pierreries gagné par Mademoiselle :

> Pour bien faire éclater la flamme ambitieuse
> Des illustres captifs de vos rares beautés,
> Amour, le roi des libertés,
> Avec sa main industrieuse,
>
> A changé chaque amant en pierre précieuse.
> Ainsi, par de nouveaux et de brillants appas,
> Ce qu'autrefois ils n'osèrent prétendre,
> De leur fière princesse ils ont trouvé le tendre,
> Et lui touchent le cœur aussi bien que les bras.

Tout ce groupe, toute cette queue de l'hôtel Rambouillet, qui s'assemblait chez Mademoiselle, au Petit-Luxembourg, aimait peu le vieux Corneille, et n'aimait point du tout ces autres poëtes que le roi protégeait et qui se nommaient Racine, Boileau, Molière, La Fontaine. Par compensation, on raffolait de Cotin. On admirait hautement, en termes pompeux ou raffinés, que Molière déjà recueillait dans l'ombre pour sa Philaminte, sa Bélise et son Armande, les *Odes royales pour les mariages des princesses de Nemours,* imprimées en italiques (in-4º), et devenues introuvables autre part qu'au fonds de réserve de la Bibliothèque impériale. Nous allons citer quelque chose de ces *Odes royales;* par exemple, ces trois strophes, qui semblent avoir servi de modèle à la complainte de Fualdès :

POUR LES NOPCES DE MARIE-FRANÇOISE DE SAVOIE,

Duchesse de Nemours et d'Aumâle, avec Alphonse sixième, roy de Portugal.

ODE.

> Les doux accents de ma lyre
> Passeront chez nos neveux;
> Je sens propice à mes vœux
> La PRINCESSE qui m'inspire.
> Elle vient tout enchanter
> Sur les fameux bords du Tage,
> Et j'en reçois l'avantage
> De prédire et de chanter.

Voilà la première strophe. Il y en a seize de ce ton, et cela finit par ·

> Quand Mars et Diane ensemble
> Brûleront de même ardeur,
> Le Portugal, en grandeur,
> N'aura rien qui lui ressemble :
> C'est ce qu'aux saintes forêts,
> Où les dieux font leur retraite,
> Chantoit Moyse, interprète
> Du Ciel et de ses décrets.
>
> D'ALPHONSE et de sa PRINCESSE
> L'indissoluble lien,
> De cet oracle ancien
> A dégagé la promesse :
> Aux deux bouts de l'univers
> La nouvelle en fut semée,
> Du jour où la Renommée
> Eut pris le soin de mes vers.   L'ABBÉ COTIN.

Et il appelle cela une *Ode,* et une *Ode royale* encore. Nous le répétons, chanté sur l'air de la complainte de Fualdès, cela ferait fureur... à l'Alcazar.

Cotin prêchait toujours, cependant; mais il faisait encore plus d'énigmes et de madrigaux que de sermons. Toutefois, il visait surtout à la célébrité littéraire, et il publia, en 1659, ses *Œuvres mêlées,* dédiées, cela va sans dire, à Mademoiselle. (*Œuvres meslées de M. Cotin, de l'Académie françoise,* contenant énigmes , odes, sonnets et épigrammes, dédiées à Mademoiselle. A Paris , chez Antoine de Sommaville , au Palais, sur le second perron montant à la Sainte-Chapelle , *à l'Escu de France.* M.DC.LIX. Avec privilége du roy. 1 vol. in-12.) Parmi ce qu'il appelle épigrammes dans ce recueil, on trouve les suivantes ; elles sont numérotées en chiffres romains :

II

DÉCLARATION.

Je ne vous rends plus mes respects.
Mon cœur, ainsi que vous, le trouve assez étrange ;
Vous possédez l'esprit et la vertu d'un ange,
Mais à ma liberté vos beaux yeux sont suspects.

III

TROMPEUSES FAVEURS.

J'ai cru m'empêcher de périr,
Baisant une bouche si belle ;
Mais ce remède est infidèle :
Il irrite le mal au lieu de le guérir.

I V

LE BAISER DES YEUX.

Quand ma bouche approcha vos yeux.
D'abord mon âme transportée,
Ainsi qu'un autre Prométhée,
Crut s'approcher du feu des cieux.
Que si l'audace est insensée,
Et si le crime est sans pareil
De vous prendre pour le soleil,
Vous serez souvent offensée.

Et il y en a Dieu sait combien de la sorte, et sur quels sujets ! et sous quels titres !
— *Faveur dangereuse.*— *Silence parlant.*— *Vue redoutable.*— *Voix passionnée*, etc., etc., etc.
Et des vers comme ceux-ci, sous ce titre :

XVII

CRUAUTÉ.

Vous me défendez d'approcher
De votre bouche sans pareille ;
Votre gorge est une merveille
Qu'on ne peut ni voir ni toucher...

Et il trouve cela mal et *cruel*, le cher abbé Cotin. Et puis :

Que la pensée d'Iris l'empêche de dormir. (Stances.)

Et encore des pièces de la plus impertinente indécence :

XXI

Cette blondine a des appas
Qu'on ne peut s'empêcher de suivre.
Quoi ! remettre au dessert ! Suis-je assuré de vivre
Jusques à la fin du repas ?

Et enfin des vers non moins libidineux :

Je promets tous les jours de ne jamais toucher
Les neiges du beau sein dont l'ardeur me consume.
Mais je ne saurais m'empêcher
De suivre une si douce et si belle coutume...

Et quelle fine grâce quand il dit :

LXXXII

CHANSON.

Je vous le donne,
Ce petit avis en secret :
C'est que, si vous n'aimez personne ,
Et que mon cœur soit votre fait ,
Je vous le donne.

Ah ! que cet excellent abbé Cotin devait être un bon directeur de femmes et de filles !

Nous en passons (de ces paillardises) et des meilleures ; et il y en a des centaines comme cela. Vers la fin, les chiffres romains tiennent presque toute la largeur des pages.

De tels vers, on en conviendra, n'étaient pas de nature à être goûtés par Boileau et ses amis. Aussi on en faisait des gorges chaudes à Auteuil, chez Boileau et chez Molière. A cette époque, le goût de la nation commençait à se former ; les bons esprits de tout rang prenaient le dessus, et grâce de la publication de ses *Enigmes* et de ses *Œuvres meslées*, Cotin tomba dans le discrédit comme sermonnaire. Soit lassitude, soit dégoût, chez ceux qui en étaient encore entichés comme bel esprit et poëte, ses sermons ne furent plus suivis ; et les choses en étaient arrivées à ce point lorsque Boileau, âgé de vingt-six ans, mais déjà maître en l'art d'écrire, composa sa troisième satire *Sur un mauvais dîner*. Jusque-là, le législateur du Parnasse n'avait parlé de Cotin que de vive voix avec ses amis. Dans cette satire, il lui décocha (1663) un trait presque innocent sur l'abandon où la société laissait le mauvais prédicateur à l'église :

> Moi, qui ne compte rien, ni le vin ni la chère,
> Si l'on n'est plus au large, assis en un festin,
> Qu'aux sermons de Cassagne ou de l'abbé Cotin.

Comme on voit, il le nommait en passant dans cette satire, avec l'abbé Cassagne, autre prédicateur délaissé, mais d'une meilleure tenue comme prêtre, et qui, du moins, ne faisait pas de madrigaux pour Iris. Cassagne supporta chrétiennement la chose ; mais le poëte des ruelles se fâcha tout rouge, il bondit sous l'aiguillon comme un sapajou, nourri jusque-là de sucreries auquel on présenterait tout à coup une dragée à l'absinthe ou au vinaigre. Ce n'est pas du dépit qu'il conçut contre le satirique, mais une sorte de rage. Il se répandit dès lors en injures, en calomnies, et en toutes sortes de machinations malhonnêtes contre l'auteur qui l'avait blessé dans ce qu'il avait de plus cher au monde : son amour-propre ; on le vit saisir avec empressement l'occasion que lui offrit le pâtissier Mignot de marcher avec lui à la rescousse — en vaillants chevaliers et armés de toutes pièces — contre le téméraire qui osait s'en prendre à eux. Attaqué dans la même pièce, Mignot, pour se venger de ces deux vers :

> Car Mignot, c'est tout dire, et dans le monde entier,
> Jamais empoisonneur ne sut mieux son métier,

Mignot, disons-nous, eut recours à la plume de Cotin, qui lui fournit une satire, dont le pâtissier blessé enveloppa ses biscuits. Comme on le voit, les deux victimes s'entendaient à merveille :

> Et ces deux grands débris se consolaient entre eux.

Mais la haine de l'abbé ne s'en tint pas là ; il machina une petite rouerie qui lui semblait de nature à le venger plus sûrement de son ennemi : il composa une satire, et la lui attribua. A quoi Boileau riposta sur-le-champ par l'épigramme suivante :

> *Sur une satire très-mauvaise que l'abbé Cotin a faite, et qu'il fait courir*
> *sous mon nom.*

> En vain, par mille et mille outrages,
> Mes ennemis, dans leurs ouvrages,
> Ont cru me rendre affreux aux yeux de l'univers.
> Cotin, pour décrier mon style,
> A pris un chemin plus facile ;
> C'est de m'attribuer ses vers.

La rage de Cotin ne connut plus de bornes. On ne se doute pas de quels actes, indignes d'un honnête homme, est capable la féroce vanité d'un Cotin : on va le toucher du doigt.

L'abbé se mit à composer des libelles clandestins (qu'il fit imprimer, sans privilége du roi, bien entendu, et à La Haye pour plus de sûreté), dans lesquels il accusa Boileau de toutes sortes d'infamies, et s'efforça, en les répandant, de susciter contre lui la colère des grands et des beaux esprits de sa trempe, et jusqu'à la colère du roi. Pendant plusieurs années, il joua ce rôle indigne d'un galant homme ; il vomit injures sur injures contre Boileau, qu'il traita de parasite, quêtant et mendiant des dîners. Il fit même imprimer clandestinement une prétendue *Lettre du sieur Scarron à M'''*, où il attribue à Scarron, mort depuis deux ans, ses propres épigrammes contre Boileau, épigrammes très-mauvaises, à tous égards, et où il fait dire à Scarron que lui, Scarron, possédait telle et telle épigramme, *écrite de la main de Despréaux*, contre *l'honneur* de Mme Scarron, qui, devenue Mme de Maintenon, venait d'être nommée gouvernante des enfants du roi et de Mme de Montespan. L'objet de cette publication était de brouiller à tout jamais le poëte avec la future femme de Louis XIV, qu'il savait être bien avec Despréaux et son ami Racine. Rien n'égale la platitude des épigrammes qui émaillent cette sotte lettre. De toutes ces turpitudes, Boileau continua de se venger à sa manière, qui était la bonne : il lâcha la bride à sa verve ; mais il attaqua moins l'homme en Cotin que le plat poëte et le plat prédicateur. Toutefois, dans la satire *A mon esprit*, il fit allusion, sans nommer Cotin, aux attaques calomnieuses dont il avait été l'objet de sa part :

> Que de rimeurs blessés s'en vont fondre sur vous !
> Vous les verrez bientôt, féconds en impostures,
> Amasser contre vous des volumes d'injures,
> Traiter en vos écrits chaque vers d'attentat,
> Et d'un mot innocent faire un crime d'Etat.

Il n'y avait, comme on le voit, aucune exagération dans ce qu'avançait là Boileau, et l'on s'explique facilement ces autres vers de la même satire :

> Qui méprise Cotin n'estime point son roi,
> Et n'a, selon Cotin, ni Dieu, ni foi, ni loi.

Boileau, comme nous l'avons dit, ne voulait s'attaquer à ce piètre ennemi que du côté de l'esprit ; mais cette fois, et de ce côté, il voulut en prendre une vengeance à plein cœur. Il y a, dans cette satire IX : *A mon esprit* (et qu'on n'en oublie pas la date 1667 : Boileau avait alors trente et un ans), il y a plus de traits contre Cotin qu'en aucune autre. Il lui lance une flèche, parle d'autre chose ; puis, la rime, l'occasion, l'herbe tendre, et quelque diable aussi le poussant, il revient sur le pauvre abbé, lui lance en se jouant une autre flèche, puis deux, puis trois, puis... quatre, cinq, six, de loin en loin et à son aise. Supposez, dit-il à son esprit, que vous fassiez ceci et cela,

> Et qu'enfin votre livre aille, au gré de vos vœux,
> Faire siffler Cotin chez nos derniers neveux ;

que vous en reviendra-t-il ? Puis vient une réponse au reproche qu'on lui avait fait d'avoir tout pris des anciens :

> Mais lui, qui fait ici le régent du Parnasse,
> N'est qu'un gueux revêtu des dépouilles d'Horace ;
> Avant lui, Juvénal avait dit en latin
> Qu'on est assis à l'aise aux sermons de Cotin.

Puis :

> Et qui saurait sans moi que Cotin a prêché ?

Puis encore :

> C'est ainsi que Lucile, appuyé de Lélie,
> Fit justice en son temps des Cotins d'Italie,

Et ceci comme bouquet :

> Cotin, à ses sermons traînant toute la terre,
> Fend des flots d'auditeurs pour aller à sa chaire.

Tout cela dans une seule satire.

Tels sont les traits dont l'accabla Boileau. Cotin, cependant, s'était fait un autre ennemi non moins redoutable. Dans la satire qu'il avait composée pour Mignot, il avait eu la maladresse d'insulter en même temps grossièrement Molière. Dans cette rapsodie,

Molière était représenté comme le Turlupin de l'auteur des satires « jouant du nez et faisant des grimaces pour servir de compère au *bateleur* Despréaux. ». Molière travaillait alors à ses *Femmes savantes*. La ridicule satire faite pour Mignot échauffa la verve de Molière, ce qui attira au pauvre Cotin le plus rude horion que, de mémoire d'homme, ait jamais reçu la vaniteuse sottise d'un mauvais poëte. Personne n'ignore, en effet, que c'est l'abbé Cotin que Molière a voulu livrer et a livré à la risée publique, et à une immortelle risée, dans le personnage de Trissotin (qu'il avait d'abord appelé Tricotin) des *Femmes savantes*. Le Contemplateur, comme on a appelé Molière, travailla longtemps à cette pièce, l'un de ses trois incomparables chefs-d'œuvre. Selon nous, il en dut concevoir l'idée bien avant d'être attaqué par Cotin, probablement dès 1658, sur le récit que tout le monde faisait en ce temps-là d'une querelle que Cotin et Ménage avaient eue chez Mademoiselle, au sujet d'un sonnet du premier sur la fièvre quarte qu'avait pour lors Mme la duchesse de Nemours. Ces admirables scènes du troisième acte des *Femmes savantes*, jouées pour la première fois sur le théâtre du Palais-Royal, le 11 mars 1672, où Trissotin (trois fois sot) paraît d'abord seul, et lit, devant un cercle de femmes extasiées, un sonnet et un madrigal, et enfin se querelle avec Vadius, après l'avoir comblé d'éloges; tout cela, c'était de l'histoire; tout cela avait eu lieu de point en point, treize ou quatorze ans auparavant, chez Mademoiselle; tout cela était représenté, pour ainsi dire, d'après nature. On recevait, en effet, Cotin chez Mademoiselle, au moins jusque vers 1670, comme Trissotin était reçu chez Philaminte. A l'annonce de la lecture d'un sonnet ou d'un madrigal de sa façon, toute la compagnie, presque entièrement composée de femmes, et dont étaient, entre autres, Mme la comtesse de la Suze, Mlle de la Vigne, Mme la duchesse de Bouillon, s'émouvait frémissante dans l'attente du plaisir qu'elle allait goûter. On s'asseyait, on s'apprêtait à savourer le régal du poëte. Mademoiselle donnait le signal — comme chez Philaminte — et à la lecture, on s'extasiait. Les exclamations admiratives de ces dames interrompaient l'heureux lecteur presque à chaque vers, au moins à chaque quatrain : Cotin était dans l'enchantement. Il reprenait son petit papier, car il était toujours pourvu de ses petits papiers, et il relisait ce qu'il venait de lire. Les louanges recommençaient. Cela durait ainsi des heures entières. Un sonnet, d'ordinaire, ne suffisait pas au ravissement de ces dames. L'abbé avait toujours *par hasard* sur lui quelque chose de nouveau, et il régalait la compagnie ou d'un madrigal, ou d'une chanson, ou d'un rondeau.

C'était la façon ordinaire dont se tenaient ces assemblées et dont on y pratiquait les choses. Or, une fois, il avait éclaté, dans une de ces assemblées, un véritable orage. Cotin venait d'y lire le sonnet qu'on trouve dans ses *Œuvres meslées* (édition de 1659, 2e part., pages 78-79), sous ce titre :

Sonnet à Mademoiselle de Longueville, à présent duchesse de Nemours,
sur sa fièvre quarte.

Votre prudence est endormie,
De traiter magnifiquement
Et de loger superbement
Votre plus cruelle ennemie.

Faites-la sortir, quoi qu'on die,
De votre riche appartement,
Où cette ingrate insolemment
Attaque votre belle vie.

Quoi! sans respecter votre rang,
Elle se prend à votre sang,
Et nuit et jour vous fait outrage !

Si vous la conduisez aux bains,
Sans la marchander davantage,
Noyez-la de vos propres mains.

Cotin avait fait suivre cette lecture de celle d'un madrigal intitulé : *Sur un carrosse de couleur amarante acheté pour une dame de ses amies*, qu'on trouve dans les *Œuvres galantes en vers et en prose* (2e partie, page 443). On venait de l'accabler d'éloges sur l'un et sur l'autre. Le sonnet, ses *magnifiquement* et ses *superbement*, et ses *quoi qu'on die*, et le madrigal *Sur le carrosse amarante*, avaient laissé l'assemblée toute ravie d'admiration et de plaisir, lorsque Ménage survint. Cotin et Ménage étaient alors grands amis, et se prodiguaient des louanges à n'en plus finir dans les compagnies où ils venaient à se rencontrer, et particulièrement chez Mademoiselle. Après qu'ils se furent jeté à la tête des compliments de la plus risible exagération, Cotin demanda à Ménage s'il connaissait certain sonnet d'un auteur inconnu. — En effet, Cotin avait fait courir plusieurs copies manuscrites du fameux sonnet sans qu'il s'en déclarât l'auteur, non certes par modestie, mais pour mieux jouir de sa gloire anonyme. Le sonnet avait été lu la veille devant Ménage, qui l'avait trouvé détestable. — Or Ménage, sommé *ex abrupto* de dire son sentiment, avait déclaré ce que nous savons, et les *deux amis* en étaient venus, des hymnes qu'ils s'étaient chantés un instant auparavant, aux injures les plus grossières, et, n'eût été la présence de ces dames, nos deux favoris d'Apollon se seraient certainement livrés à une boxe qui n'aurait rappelé que très-imparfaitement la lutte poétique de Damète et Ménalque. La ville et la cour surent bientôt la chose, et Molière n'eut garde de ne pas en faire son profit. C'était donc, nous le répétons, la reproduction historique et comme le calque, de tout cela que Molière exposa au public dans le troisième acte de ses *Femmes savantes*. Tout, en effet, s'était passé ainsi chez Mademoiselle.

ACTE III, SCÈNE Ire.

PHILAMINTE, ARMANDE, BÉLISE, TRISSOTIN, LÉPINE.

PHILAMINTE.

Ah! mettons-nous ici pour écouter à l'aise
Ces vers que, mot à mot, il est besoin qu'on pèse.

ARMANDE.

Je brûle de les voir.

BÉLISE.

Et l'on s'en meurt chez nous.

PHILAMINTE, *à Trissotin*.

Ce sont charmes pour moi que ce qui part de vous.

ARMANDE.

Ce m'est une douceur à nulle autre pareille.

BÉLISE.

Ce sont repas friands qu'on donne à mon oreille.

PHILAMINTE.

Ne faites point languir de si pressants désirs.

ARMANDE.

Dépêchez.

BÉLISE.

Faites tôt, et hâtez nos plaisirs.

PHILAMINTE.

A notre impatience offrez votre épigramme.

TRISSOTIN, *à Philaminte*.

Hélas! c'est un enfant tout nouveau-né, madame :
Son sort assurément a lieu de vous toucher,
Et c'est dans votre cour que j'en viens d'accoucher.

PHILAMINTE.

Pour me le rendre cher, il suffit de son père.

TRISSOTIN.

Votre approbation lui peut servir de mère.

BÉLISE.

Qu'il a d'esprit. . . . .

On ne parlait pas une autre langue chez Mademoiselle.

PHILAMINTE.

Servez-nous promptement votre aimable repas.

TRISSOTIN.

Pour cette grande faim qu'à mes yeux on expose,
Un plat seul de huit vers me semble peu de chose ;
Et je pense qu'ici je ne ferai pas mal
De joindre à l'épigramme ou bien au madrigal
Le ragoût d'un sonnet qui, chez une princesse,
A passé pour avoir quelque délicatesse.
Il est de sel attique assaisonné partout,
Et vous le trouverez, je crois, d'assez bon goût.

Sur quoi il débite le sonnet qu'on sait, publié vingt-trois ans auparavant et connu de tous les contemporains ; sonnet auquel il ajoute le merveilleux madrigal :

Sur un carrosse amarante acheté pour une dame de ses amies.

Titre qui fait dire à Philaminte :

Ses titres ont toujours quelque chose de rare ;

et à Armande :

A cent beaux traits d'esprit leur nouveauté prépare.

Ah ! le bon madrigal pour guérir les hypocondres ! Relisons-le :

L'amour, si chèrement, m'a vendu son lien
Qu'il m'en coûte déjà la moitié de mon bien ;
Et quand tu vois ce beau carrosse
Où tant d'or se relève en bosse,
Qu'il étonne tout le pays,
Et fait pompeusement triompher ma Laïs,
Ne dis plus qu'il est amarante,
Dis plutôt qu'il est de ma rente.

On sait comment, là-dessus, se récrient en chœur Armande, Philaminte et Bélise :

ARMANDE.

Oh ! oh ! oh ! celui-là ne s'attend point du tout.

PHILAMINTE.

On n'a que lui qui puisse écrire de ce goût.

BÉLISE.

Ne dis plus qu'il est amarante,
Dis plutôt qu'il est de ma rente.

Voilà qui se décline : *ma rente, de ma rente, à ma rente.*

Mais nous ne nous lasserions pas de citer toute cette scène, et il faut se borner.

En vérité, pour qui connaît bien les ridicules façons de parler et les sottes admirations du groupe de précieuses qui se réunissait chez Mademoiselle, tout cela, sauf le nombre et la rime, a dû y être dit de la sorte, et Molière n'a rien exagéré. Et quoi de plus vrai que la querelle de Trissotin et de Vadius ! On voit d'ici Ménage-Vadius arrivant chez la princesse et accueilli par Cotin-Trissotin comme dans Molière ; on entend les deux pédants se louer avec la plus grotesque exagération ; c'est du pur Aristophane littéraire ; et nous sommes, pour notre part, tenté de croire qu'ils ont employé, dans leur dispute réelle, les mots mêmes que Molière met ici dans leur bouche. Qu'y a-t-il de plus naturel que la question qu'adresse Trissotin à Ménage :

> . . . . Avez-vous vu certain petit sonnet
> Sur la fièvre qui tient la princesse Uranie?

et la réponse de Ménage :

> Oui. Hier il me fut lu dans une compagnie.

et Cotin demandant avec sa suffisance ordinaire à Ménage :

> Vous en savez l'auteur?

et Ménage répondant :

> Non, mais je sais fort bien
> Qu'à ne le point flatter son sonnet ne vaut rien.

Encore une fois, nous ne jurerions pas que ce n'aient été là, à la mesure et à la rime près, les paroles mêmes que, chez Mademoiselle, l'un et l'autre ont employées.

C'est ainsi que, d'un coup de son art, Molière acheva Cotin et le marqua d'un ridicule indélébile. Le pauvre Cotin tomba sous ce coup abasourdi, terrassé, et ne s'en releva plus. Moins prudent que Chapelain, qui, d'ailleurs, n'employa contre ceux qui l'avaient fait choir de son piédestal usurpé que des armes permises, et, à tout prendre, de celles que ne réprouve pas la morale, Cotin sortit de cette terrible exécution atteint d'une sorte de rage à la fois imbécile et malséante. Mais ses coups, qui avaient si peu porté avant ce temps, ne portèrent plus du tout, et le discrédit où il vécut depuis fut tel que, quand il mourut, en 1682, neuf ans après la mort de Molière, le successeur qu'on lui donna à l'Académie ne fit qu'en trois lignes son « éloge », et que le directeur, dans sa réponse, n'en fit aucune mention. On lui composa *per jocum* cette médiocre épitaphe :

> Savez-vous en quoi Cotin
> Diffère de Trissotin?
> Cotin a fini ses jours,
> Trissotin vivra toujours.

Comme prédicateur, un mot de Tallemant des Réaux (*Historiettes*, t. VII, p. 33) nous apprend ce que valait Cotin : « Une fois, dit Tallemant, en prêchant, du temps que le cardinal de Richelieu avait si fort la comédie en tête, il dit : « *Quand Jésus-Christ acheva,* » *sur le théâtre de la croix, la pièce de notre salut,* etc. »

Les excentricités de Cotin avaient aussi frappé l'abbé de Villiers, qui dit de lui quelque part : « Il ne faisait jamais de sermon qu'il ne l'eût annoncé : *A demain, messieurs; c'est un sujet capable de faire fendre les pierres.* On riait de l'annonce, et l'on ne riait guère moins du sermon. »

Comme poëte, il suffit de lire Cotin pour le juger ; et, quant à sa sotte vanité, on s'en formera une idée par ce mot : « Mon chiffre, dit-il dans une de ses *Lettres galantes*, se compose de deux C entrelacés (initiales de son nom et de son prénom, Charles Cotin), ce qui, par un sens un peu mystique, indique le cercle du globe, que mes œuvres remplissent. » C'est à ne pas y croire. La qualité dont il aimait le plus à s'honorer était celle de *Père de l'énigme française*. « Cette qualité, dit-il, me fut donnée par quelques personnes de mérite et de condition (*Discours sur les énigmes*). » Toujours la même suffisance. Cotin, du reste, méritait cette qualité de père de l'énigme française, dont il était si fier : il avait été le premier à cultiver ce genre misérable avec suite, avec passion, comme devant le mener à la gloire, et il n'avait pas publié moins de deux forts volumes d'*Énigmes*, la plupart très-longues, dont un certain nombre revêtent la forme du sonnet. Boursault, suivant l'exemple de Molière, mit Cotin en scène à ce titre, dans son *Mercure galant*, sous le nom de Beaugénie. Tout le monde connaît l'énigme que Beaugénie vient débiter, avec tant de prétention, devant l'illustre et belle compagnie, qui n'eut pas assez de flair pour deviner *cela :*

> Je suis un invisible corps
> Qui de bas lieu tire mon être,

Et je n'ose faire connaître
Ni qui je suis, ni d'où je sors.

Quand on m'ôte la liberté,
Pour m'échapper j'use d'adresse,
Et deviens femelle traîtresse
De mâle que j'aurais été.

Cette énigme, Boursault l'avait tirée, en la modifiant légèrement, du recueil de Cotin, où elle figure de cette façon sous le chiffre romain CCXLIII :

Je suis un invisible corps,
Qui de bas lieu mon être tire,
Et personne à peine ose dire
Ni qui je suis, ni d'où je sors.

Je parle et me tais à la fois,
Et bien souvent, lorsqu'on me presse,
Je deviens femelle traîtresse
D'hardi mâle que je serois (*sic*).

A ces deux quatrains, qui disent tout, et auxquels Boursault s'est prudemment arrêté, Cotin en ajoute six autres, paraphrasant et raffinant d'une façon vraiment nauséabonde sur ce sujet de bas lieu. Voir le *Recueil des énigmes* (Paris, chez Toussaint Quinet, au Palais, sur la montée de la cour des Aides, 1656, 1re partie, énigme 243e). Le mot qui fait l'objet de l'énigme étale ses trois lettres à la table : une voyelle entre deux consonnes.

Où la vanité de Cotin brille en prose du plus bel éclat, c'est dans la dédicace, toujours à Mademoiselle, d'une de ses vilenies les plus caractérisées, la *Ménagerie*, publiée clandestinement en 1666. Rien ne fait plus de tort, selon nous, à cette princesse, que ces dédicaces réitérées et obstinées, qu'elle accueillait évidemment, non-seulement sans dégoût, mais avec plaisir. Lisait-elle les livres qui semblaient faits exprès pour lui plaire? on ne saurait en douter. La Bibliothèque impériale les a presque tous avec ses armes sur les plats. Que penser, après cela, de son goût, de la justesse de son esprit, de sa morale même? Quoi qu'il en soit, cette *Ménagerie*, composée contre Ménage à l'occasion d'une épigramme latine de dix-huit vers que Ménage avait faite pour venger son amie, Mlle de Scudéri, d'une épigramme de Cotin sur la surdité de celle-ci, n'est qu'un long tissu de plates et grossières injures. Ménage y est traité de sot, de pédagogue du pays latin, d'homme sans foi et sans honneur, etc. Il fit faire de cette *Ménagerie* (on sent la finesse du titre) trois éditions successives. Elle a quarante-huit pages seulement, et les non-sens y abondent. Or voici comment, au début, Cotin en explique le motif; on ne saurait se louer plus effrontément :

« LA MÉNAGERIE.

» *A Son Altesse Royale Mademoiselle.*

» J'appelle ainsi un petit recueil de vers que mes amis et moi avons faits en faveur du fameux M. Ménage, lequel a cherché querelle avec moi et l'a trouvée. Ce galant homme a fait contre moi une épigramme en vers latins, que je nomme une épigramme à la suisse, où il lui a plu de me traiter obligeamment de brutal et de furieux, comme ayant attenté à l'honneur de l'illustre Mlle de Scudéri, et cela, pour avoir tourné à la gloire de son esprit un défaut purement de son corps, pour avoir plaint sa surdité.

» Votre Altesse Royale a, sans doute encore, parmi les épigrammes que je lui ai envoyées, celle qui porte ce titre :

» POUR UN MAL D'OREILLE.

» Suivre la Muse est une erreur bien lourde ;
De ses faveurs voyez le fruit :
Les écrits de Sapho menèrent tant de bruit
Que cette nymphe en devint sourde.

Les dames qui me connaissent et qui savent que mes épigrammes ne sont que des jeux innocents d'esprit en ont jugé à mon avantage, et une de celles que la cour estime autant (*sic*) m'a envoyé ces quatre vers (Mlle de la Vigne est l'auteur de ces vers, meilleurs, à tout prendre, que ceux de Cotin) :

> » Quand le docte Cotin, l'amour des beaux esprits,
> Veut peindre de Sapho la surdité cruelle,
> Il donne à sa disgrâce une cause si belle
> Que l'on peut souhaiter d'être sourde à ce prix.

» Une autre dame, dont l'hôtel est le sanctuaire des Grâces, m'a fait dire que la maîtresse de Philippe second ne fut point scandalisée de ce que les poëtes de sa cour publièrent que, bien à propos, elle avait perdu un œil, parce que, si elle en avait eu deux, elle brûlerait tout le monde. Et le cardinal de Richelieu, assez délicat en ces matières, donna pension à Chapelain, qui dit, parlant à lui-même, en sa belle ode :

> » Par tes propres exploits tes yeux sont éblouis.

» Votre Altesse Royale sait que les abeilles, qui font le miel, n'épargnent pas leur aiguillon quand elles sont une fois irritées : elle ne trouvera donc pas mauvais, à ce que je pense, que je me sois plaint à Mlle Sapho de sa rudesse, après l'injurieuse épigramme latine qu'elle a fait débiter contre moi par son pédagogue galant du pays latin, ou plutôt que je l'aie fait ressouvenir de sa première gloire, et de ce qu'elle se doit à elle-même. »

Mascarille parle à peu près sur ce ton dans Molière, mais en meilleur français ; et, à vrai dire, connaissant la manière d'écrire de Cotin, nous avons été surpris de ne pas trouver textuellement dans ses œuvres ces vers qui plaisent tant à Madelon et à Cathos dans les *Précieuses ridicules :*

> Oh ! oh ! je n'y prenais pas garde.
> Tandis que sans penser à mal je vous regarde,
> Vos yeux en tapinois me dérobent mon cœur.
> Au voleur ! au voleur ! au voleur ! au voleur !

Ces vers sont tout à fait dans son style, tout aussi ridicules, mais plus francs du collier. Décidément, nous aimons mieux Mascarille.

Tel était ce poëte, « cette victime de Boileau. » On conviendra que Boileau avait la main heureuse à choisir ses victimes, et qu'il y avait justice et raison dans les châtiments qu'il infligeait. Le sujet y prêtait ici par toutes sortes de côtés ; mais il y a lieu de s'étonner que Boileau ne l'ait flétri que comme ridicule, sans insister sur le côté indécent de la plupart de ses écrits. On a vu, en effet, quelles licences galantes s'est permises Cotin dans ses vers. Nous aurions pu en citer beaucoup *ejusdem farinæ*, de ces vers qui paraissaient alors avec privilége du roi, et qu'on plaçait, superbement reliés par les Capé et les Beauzonnet du temps, dans la bibliothèque d'une princesse du sang, chargés de ses armoiries. Nous n'avons pas voulu trop insister sur ce point curieux et scabreux de notre histoire littéraire et de l'histoire de nos mœurs. Que de choses scandaleuses encore nous aurions pu citer de lui, si l'impression avait pu en être soufferte ici ! C'est pourquoi nous n'avons rien dit de la *Pastorale sacrée* ou *Paraphrase du Cantique des Cantiques*, d'abord en prose, et quelle prose ! puis en vers (1660), ni de plusieurs autres parties de ses *Œuvres galantes, en prose et en vers*, notablement augmentées, 1re partie (1663) ; 2e partie (1665, in-12). « On ne peut se figurer, a dit très-justement M. Victor Fournel, la médiocrité de cet ouvrage et son extrême frivolité ; c'est la quintessence du genre galant et du précieux ; il renferme une multitude de quatrains, de madrigaux, de bouquets à Iris, dont quelques-uns sont assez compromettants pour un prêtre. » *Assez* ne nous semble pas *assez* sévère, et nous le prouverions surabondamment si ces pages en pouvaient supporter le scandale.

On sent combien les grands génies chrétiens du temps durent savoir gré à Boileau et à Molière d'avoir fait justice de ce bel esprit plat qui osait s'étaler jusque dans la chaire, et l'on peut dire que les *Femmes savantes* ne vinrent pas seulement en aide à la raison et au bon goût outragés, mais à la morale chrétienne non moins insultée. Il est difficile, en effet, en y regardant d'aussi près que nous l'avons fait, de comprendre comment cette bouche impure, l'auteur de tant de misérables vers, presque obscènes, et, tranchons le mot, comment ce malhonnête homme, ce faussaire (on l'a vu à propos de la prétendue *Lettre de Scarron à M.*** contre Boileau), comment cet homme a pu prêcher impunément pendant seize ans devant la cour et la ville.

Aujourd'hui, on croit au rapide et facile triomphe de la raison sur la sottise et sur le ridicule des Cotin et des Chapelain ; mais c'est à tort. Il fallut tout le génie d'un Molière et toute la verve caustique d'un Boileau pour venir à bout des précieuses et des précieux, des baroques et des grotesques du temps. Les précieuses et les précieux surtout avaient pour appuis de très-grands et très-influents seigneurs, le duc de Saint-Aignan, entre autres, soupçonné d'avoir eu l'esprit et le goût de l'Oronte du *Misanthrope*. En 1684, on publiait encore avec succès de ces pièces galantes et précieuses, notamment les écrits en vers et en prose de Mme la comtesse de la Suze, qui avait été du groupe de Mademoiselle. A ce sujet, on peut voir le *Recueil de pièces galantes, en prose et en vers, de Madame la comtesse de la Suze, comme aussi de plusieurs autres autheurs.* (A Paris, en la boutique de Gabriel Quinet, au Palais, à l'entrée de la galerie des Prisonniers, à *l'ange Gabriel.* M.DC.LXXXIV, 4 vol. in-12.) Tout y est à la Cotin, moins l'indécence , et sur le ton des précieuses. On y trouve, par exemple, le *Démeslé de l'esprit et du cœur*, en vers et en prose, qui est tout ce qu'on peut lire de plus alambiqué ; et cela se vendait, qu'on le remarque bien, en 1684, onze ans après la mort de Molière, et quand Racine et Boileau jouissaient du plus grand crédit littéraire.

On a de l'abbé académicien les ouvrages suivants, qui sont devenus rares et à peu près introuvables : *Théoclée ou la Vraie philosophie des principes du monde* (Paris, 1646, in-4°) ; la *Jérusalem désolée ou Méditation sur les leçons des ténèbres*, etc.. (Paris, 1634, in-4°) ; la *Pastorale sacrée* (Paris, 1662, in-12) ; *Recueil des énigmes de ce temps* (Paris, 1646, in-12), plusieurs éditions ; *Recueil de rondeaux* (Paris, 1650, in-12) ; *Poésies chrétiennes* (Paris, 1657, in-8°) ; *Œuvres mêlées* (Paris, 1659, in-12) ; *Œuvres galantes, en prose et en vers* (Paris, t. I, 1663 ; t. II, 1665, in-12) ; la *Ménagerie* (La Haye, 1666, in-12) ; cette satire est recherchée des amateurs de raretés bibliographiques ; *Oraison funèbre d'Abel Servien*, etc., etc.

Paris. — Imprimerie BLOT, rue Turenne, 66.